LOS IMANES

por Robin Nelson

Mi primer paso al mundo real

ediciones Lerner · Minneapolis

Los **imanes** hacen que
las cosas se muevan.

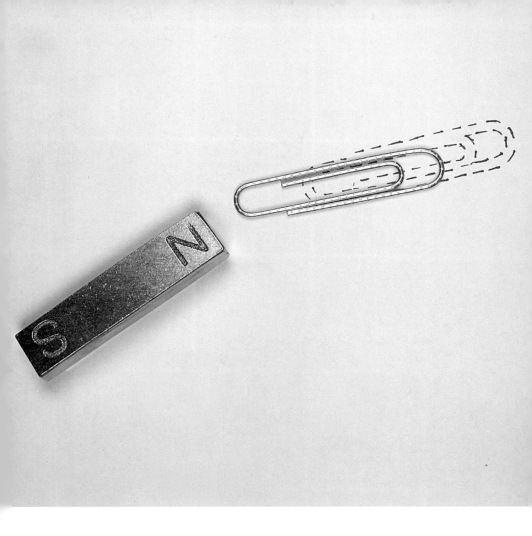

Los imanes hacen que las cosas se muevan sin tocarlas.

La mayoría de los imanes
son de **metal**.

Los imanes pueden hacer que otros objetos de metal se muevan.

Los imanes atraen,
o jalan, objetos.

Los imanes repelen,
o empujan, objetos.

Los imanes pueden
mover clips.

Los imanes pueden mover
alfileres de gancho.

Los imanes no pueden
mover la madera.

Los imanes no pueden
mover el **plástico**.

Los imanes nos ayudan
a construir.

Los imanes sostienen papel.

Los imanes ayudan a abrir latas.

Los imanes ayudan a unir
los trenes de juguete.

Los imanes nos indican
la dirección.

Los imanes están en
todos lados.

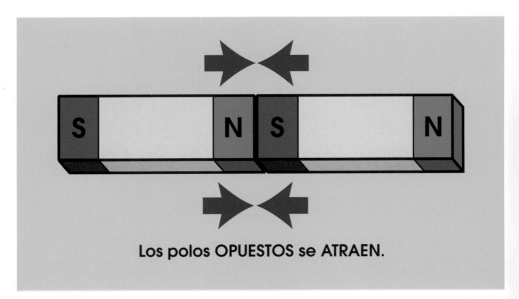

Los polos OPUESTOS se ATRAEN.

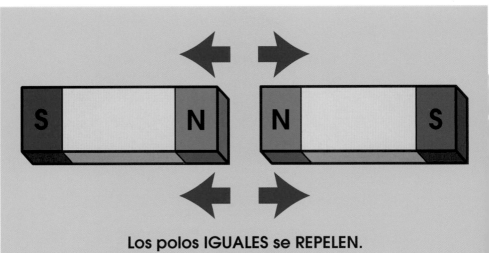

Los polos IGUALES se REPELEN.

Polos

Todos los imanes tienen dos extremos, o polos. Un extremo se llama polo norte. El otro se llama polo sur. El polo norte de un imán atrae al polo sur de otro imán. El polo sur de un imán atrae al polo norte de otro imán. El polo norte de un imán repele al polo norte de otro imán. El polo sur de un imán repele al polo sur de otro imán.

Datos sobre imanes

 Los imanes sólo pueden mover cosas que están hechas con ciertos metales, como hierro y acero.

 Los imanes son más fuertes en sus extremos.

 Pueden hacerse en cualquier forma. La mayoría de los imanes tienen forma de barras o herraduras.

La Tierra es un imán gigantesco.

 La aguja de una brújula es un imán. La aguja siempre apunta hacia el norte.

 Los imanes existen en la naturaleza. Están hechos de un mineral llamado magnetita.

Glosario

 imán: metal que atrae el hierro

 metal: material del que están hechas algunas cosas. Los metales generalmente son brillantes y duros. El metal se saca de la tierra.

 plástico: material del que están hechas algunas cosas. El plástico puede tener cualquier color o forma. El plástico es un material que fabrican las personas.

Índice

alfileres de gancho: 9

clips: 8

construir: 12

madera: 10

metal: 4, 5, 20

papel: 13

plástico: 11

trenes de juguete: 15

Traducción al español: copyright © 2008 por Lerner Publishing Group, Inc.
Título original: *Magnets*
Copyright del texto: © 2004 por Lerner Publishing Group, Inc.

La edición en español fue realizada por un equipo de traductores hablantes nativos del español de translations.com, empresa mundial dedicada a la traducción.

Las fotografías presentes en este libro se reproducen por cortesía de: © Todd Strand/Independent Picture Service, portada, págs. 2, 3, 4, 5, 6, 7, 8, 9, 10, 11, 12, 13, 14, 15, 22 (todas); © Roger Ressmeyer/CORBIS, pág. 16; Digital Vision Royalty Free, pág. 17. Ilustración de la pág. 18 por Laura Westlund/Independent Picture Service.

ediciones Lerner
Una división de Lerner Publishing Group, Inc.
241 First Avenue North
Minneapolis, MN 55401 EUA

Dirección de Internet: www.lernerbooks.com

Library of Congress Cataloging-in-Publication Data

Nelson, Robin, 1971–
    [Magnets. Spanish]
    Los imanes / por Robin Nelson.
        p.   cm. — (Mi primer paso al mundo real. Fuerzas y movimiento)
    Includes index.
    ISBN 978–0–8225–7809–3 (lib. bdg. : alk. paper)
    1. Magnets—Juvenile literature. 2. Magnetism—Juvenile literature. I. Title.
QC753.7.N4518 2008
538'.4—dc22   2007000724

Fabricado en los Estados Unidos de América
1 2 3 4 5 6 – DP – 13 12 11 10 09 08